清澈的爱
只为中国

中山大学中共党史党建研究院 编

人民日报出版社

01

齐景公滥赏无功之人，

晏子借夏商周三代兴盛的原因劝谏：

对国家有利的人，就喜爱他；

对国家有害的人，就憎恶他。

爱国，不能停留在口号上，

而要把自身事业和祖国、人民的前途命运紧密联系在一起，

以崇高的使命感和强烈的责任感，

为国分忧，为民解难。

利于国者爱之，害于国者恶之。

晏婴

02

强国统一事业未竟，

"哀民生之多艰"不已。

屈原力图革新政治、修明法度，

同腐朽贵族势力顽强斗争，

但其治国之道不为楚王所接受，只好悲愤离去。

虽屡遭放逐，但他仍坚持崇高的政治理想矢志不渝。

"路漫漫其修远兮，吾将上下而求索"，

是屈原忠贞爱国人生的缩影。

路漫漫其修远兮，吾将上下而求索。

屈原

03

贾谊在《治安策》中洞察时弊,

以政治家敏锐的嗅觉揭示社会矛盾并提出解决对策,

对西汉王朝的长治久安起到重要作用。

他始终把国家利益放在首位,

为了民族大义勇于牺牲小我,

在国难当头之际敢于挺身而出。

他的生命虽然只有短暂的 32 年,

却足以在史书上占一席之地。

国耳忘家,公耳忘私。

贾谊

年　　月　　日

04

霍去病 17 岁两出定襄，

19 岁三征河西，

21 岁纵横漠北，

令匈奴闻之胆怯。

他屡立战功，

但坚持以国家利益为重，

不以个人享受为先，

断然拒绝汉武帝赏赐的豪华府邸。

"匈奴未灭，何以家为"是霍去病光辉人生的写照，

升腾着一种以国为家的壮志豪情。

匈奴未灭，何以家为！

霍去病

05

苏武留居匈奴 19 年，持节不屈。

他抵抗荣华富贵的引诱，

在寒冷的北海边绝地求生，

把枯瘦的羊群定格为一段不朽的历史，

挥洒了一曲气壮山河的英雄赞歌。

在浮华与坚守之间，

苏武用铮铮傲骨作出无悔抉择。

"苏武牧羊"是坚贞不屈的象征，

苏武忠于祖国的崇高气节激励了无数仁人志士。

今得杀身自效，虽蒙斧钺汤镬，诚甘乐之。

苏武

06

陈汤远征匈奴，

向世界传递了一个强劲声音：

汉朝的主权不可侵犯，

外国胆敢来犯，

不管距离汉朝多远，我们都要追击诛杀！

他喊出了一个民族的自信，

喊出了一个民族的强大，

也表露了中华民族的真性情。

这是充满民族自豪感的中华最强音，

是中华儿女应永远铭记的壮语！

明犯强汉者，虽远必诛！

陈汤

07

史书代代相传、世世研习，

中华民族的共同记忆从未中断。

班固花费 20 余年时间将西汉历史编纂成《汉书》，

开纪传体断代史之先河。

面对匈奴入侵，班固"忧国如饥渴"，

毅然跟随军队北征匈奴，

书写了中华民族抗敌御侮的历史诗篇。

忧国如饥渴。

班固

年　　月　　日

08

从三顾茅庐，到蜀汉建国，

再到刘备白帝城托孤，

对蜀汉政权的忠肝义胆是诸葛亮人格璀璨之所在。

治蜀期间，诸葛亮事必躬亲，

助推蜀汉前中期政治清明、廉风蔚然。

他数伐曹魏，竭尽全力"兴复汉室，还于旧都"，

于第五次对曹魏用兵时病逝前线，

兑现了"鞠躬尽瘁，死而后已"的诺言。

鞠躬尽瘁，死而后已。

诸葛亮

年　　月　　日

09

杜甫是真正意义上的人民诗人。

"穷年忧黎元，叹息肠内热"，

表现了他对百姓疾苦的同情；

"在家常早起，忧国愿年丰"，

抒发了他忧国忧民的情怀。

他处在多难的时代，

历经战乱饥荒，一生漂泊四方，

却以饥寒之身心怀天下。

他用诗记载了那个时代，

并把最热烈的情感献给了国家和人民。

在家常早起，忧国愿年丰。

杜甫

年　月　日

10

在韩愈心中，天下国家至大至高。

他始终以天下为己任，义无反顾扶正祛邪；

"发言真率，无所畏避"，

言别人所未言，言别人不敢言。

替国家除去有害的事，

又怎会因衰老就吝惜残余的生命？

韩愈勤政恤民、兴师重教，有口皆碑，

他心怀社稷、勇于献身的爱国之心，老而弥坚。

欲为圣明除弊事，肯将衰朽惜残年。

韩愈

他出将入相，主持庆历新政，

成为一代名相；

他在西夏来犯、国家危难之际，

52 岁受命戍边西北。

范仲淹始终把国家民族的利益摆在首位，

为祖国的前途命运忧愁，

为人民的幸福安宁奉献。

无论"居庙堂之高"，还是"处江湖之远"，

他"先天下之忧而忧，后天下之乐而乐"的操守从未改变。

先天下之忧而忧，后天下之乐而乐。

范仲淹

12

苏轼一生宦海浮沉，三起三落，

官越做越小，人越贬越远，

但也越来越受到百姓爱戴。

苏轼不阿谀奉承，直言敢谏，

无论身居庙堂还是身处陋室，

他都穷达如一，"守其初心，始终不变"。

在最低的境遇活出最高的境界，

为国家竭诚尽忠，至死方休。

苏轼的人格魅力光彩照人，

至今仍为世人所景仰。

报国之心，死而后已。

苏轼

年　　月　　日

13

挽狂澜于既倒、扶大厦之将倾，

是陆游的崇高理想。

他忧国忧民，以慷慨报国为己任，

将收复失地当作人生第一要旨，

立志为北伐而努力。

在这片饱经战火的土地上，

他与国之伤痛同悲、与民之血泪同怀。

这种拳拳爱国之心、殷殷爱民之情，令世人赞扬。

位卑未敢忘忧国，事定犹须待阖棺。

陆游

14

面对南宋危机，文天祥挺身而出，

抗击外族入侵，

誓死捍卫大宋江山社稷。

兵败被俘之时，

他始终保持崇高的民族气节和爱国情操，

直至以身殉国。

"人生自古谁无死"，

为救国而死，一片忠心永垂史册；

"留取丹心照汗青"，

他留给后人的是一笔宝贵的精神财富。

人生自古谁无死，留取丹心照汗青。

文天祥

15

于谦一生清廉正直，

为保卫国家、守护黎民付出全部心血。

土木堡之变后，他力挽狂澜，

解除了大明王朝的覆灭危机，

尽显民族英雄的担当。

"粉身碎骨浑不怕，要留清白在人间"，

于谦的一生，正如诗中的石灰一般，

历尽各种磨难，却忠心不改，

在史书中留下清白的美誉。

粉身碎骨浑不怕，要留清白在人间。

于谦

16

戚继光抗击倭寇十余年，

扫平为祸多年的倭患，

保护了沿海人民的生命财产安全，

在历史上留下了浓墨重彩的一笔。

他的名字已经成为中华民族热爱和平、抗击侵略的象征。

"封侯非我意，但愿海波平"，

戚继光青年时便胸怀远大抱负，

他一生都在为这崇高理想而勇往直前。

封侯非我意，但愿海波平。

戚继光

17

顾宪成主张经世致用，

认为读书人既要认真读书，又要关心国家大事，

不能"两耳不闻窗外事，一心只读圣贤书"。

他于东林书院讲学之时，

指斥时弊，讽议朝政，

以国家兴亡为重，以天下苍生为念，

得到当时社会的广泛支持。

"家事国事天下事事事关心"，

就是他一生做人、为官、治学的最好写照。

风声雨声读书声声声入耳，家事国事天下事事事关心。

顾宪成

18

顾炎武一生辗转，

以天下为己任，以学术兴天下。

他不仅是学问上的老师，

也是为人品格上的老师。

他"经世致用"的求实精神，

"博学于文，行己有耻"的治学之道，

影响了一代代学人。

"天下兴亡，匹夫有责"是他号召国人救亡图存的坚强口号，

体现了他勇于承担国家兴亡历史责任的胸怀和气概。

天下兴亡，匹夫有责。

顾炎武

19

陈化成在鸦片战争期间接任江南提督。

英军进犯吴淞口时,

67 岁高龄的陈化成带领将士们血战吴淞口七天七夜,

用鲜血和生命谱写了一曲英雄壮歌。

"为国而死,死亦何妨?"

这是陈化成在吴淞口布防时激励将士们的壮语。

他用生命点燃不畏强敌、英勇抗争、爱国报国的精神火炬,

值得后人永远铭记。

人莫不有一死,为国而死,死亦何妨?

陈化成

20

关天培长期统领广东水师，整饬防务，

为风雨飘摇的晚清卫戍南大门。

他全力支持林则徐的禁烟运动，

查禁鸦片，灭毒于伶仃洋口。

英军攻入虎门炮台时，

关天培率靖远炮台守军顽强抗击，

终因寡不敌众，壮烈牺牲。

关天培悲壮的一生，

是无数舍身为国的民族英雄的写照。

人在炮台在，不离炮台半步！

关天培

21

林则徐置祸福荣辱于不顾，

坚持实行禁烟，

积极抵抗外国武装侵略。

他怀抱匡时济世的大志，

即便多次被贬谪流放，

也时刻挂念着祖国，

时刻想着如何挽救危局。

"苟利国家生死以，岂因祸福避趋之。"

尽管林则徐的人生充满挫折，

但他从未介怀个人得失，

他一心为国的英雄事迹永远鼓舞着世人。

苟利国家生死以，岂因祸福避趋之。

林则徐

22

左宗棠忠心爱国，从不趋炎附势，

从不伪装自己，不愿着眼于私利，

不愿追随官场陋习。

面对国运衰微、列强环伺的困局，

64 岁高龄的左宗棠力排众议，率兵西征，

收复了除伊犁以外的新疆领土，

维护了国家的统一。

这是左宗棠的荣耀和骄傲，

更是国家之福，民族之幸。

我之疆索，尺寸不可让人！

左宗棠

23

容闳终其一生为推动留学教育、学习西方先进文化而奋斗。

他是中国近代化的探路人，

像镜子一样映照了近代中国的历史走向。

面对积贫积弱的旧中国，

容闳放弃在美国的优越环境，决然返回祖国，

全身心地投入挽救民族危亡、寻找国家出路的事业，

以实际行动践行了他"谋全中国之幸福"的誓愿。

此岂为一人利益计，抑欲谋全中国之幸福也！

容闳

24

丁汝昌一生心怀国家，为国杀敌。

刘公岛被日本陆军团团围困之时，

丁汝昌坚决拒绝伊东祐亨的劝降。

在弹尽援绝的情况下，

他以一种悲剧性的方式——自杀，

来表现自己坚贞的爱国精神和高尚的民族气节。

他是中国人的骄傲，

他的事迹值得被后人传颂。

决不弃报国大义，今唯一死以尽臣职。

丁汝昌

25

刘永福一直站在中国人民反抗外来侵略斗争的第一线。

在中法战争和甲午战争中，

他率领黑旗军与帝国主义侵略者进行殊死搏斗，

建立了卓越功勋，

是令中国人"扬眉吐气"的民族英雄。

他的讨敌檄文和宣言，铿锵有力，荡气回肠，

激励鼓舞了一代代中华儿女为国奋斗。

不以官爵为荣，只知捍卫社稷，

不使外洋欺我中国为责任。

刘永福

年　　月　　日

26

眼见我中华大地日渐沦丧，

国家日益贫弱和封闭，

黄遵宪呼吁有识之士遏制国家分裂，勇于变法图存。

反抗侵略、坚持独立等强烈的爱国主义精神，

是黄遵宪诗歌的主旋律，

也是近代所有有志气、有血性的知识分子，

努力捍卫的一种骨子里的民族精神，

激励着后人为国家繁荣富强砥砺奋进。

寸寸山河寸寸金，侉离分裂力谁任。

黄遵宪

27

黄海大东沟海战中，

邓世昌誓与军舰共存亡，

驾驶着遭受重创的致远舰，

毅然全速撞向日本主力舰"吉野号"右舷，

与全舰官兵一同壮烈殉国。

"置生死于度外"是邓世昌对致远舰官兵的谆谆勉励，

也是他对中华民族立下的铮铮誓言！

在这场决定国运的甲午海战中，

邓世昌用生命谱写了一曲近代海军的壮歌。

吾辈从军卫国，早置生死于度外。

邓世昌

28

《马关条约》签订后，

中国人民掀起声势浩大的反割台斗争。

台南曾文溪之战中，徐骧身先士卒，

率领千人黑旗军与日军展开殊死搏斗。

战斗中他不幸头部中弹倒地，

但仍挣扎着站起来，

高呼"大丈夫为国捐躯，死而无憾"，壮烈牺牲。

徐骧被誉为"台湾抗日领袖第一人"，

他气壮山河的英雄事迹，

永远铭刻在中华儿女心中。

中华、中华，我所至爱。

大丈夫为国捐躯，死而无憾！

徐骧

29

国家危难之时，詹天佑挺身而出，

用行动向我们诠释了何为报效祖国。

他以自己的所学所知，使中国铁路自立自强，

不仅留下了见证中国人尊严、荣誉、胆识和智慧的京张铁路，

也走出了一条以"修业、进德、守规、处事"为立身要则，

堪为典范的人生之路。

使国家富强不受外侮，足以自立于地球之上。

詹天佑

30

梁启超始终把祖国放在首位，

他宣传维新思想，

以革除国家弊政，促进人民觉醒。

他一生只忠于真理，不为君王唱赞歌，

坚决反对袁世凯称帝，

坚守民族大义，堪为后世楷模。

退出政坛后的梁启超，安心著书立说，

潜心思考中国社会的走向。

他丰富的著述至今仍被学人推崇，

给我们莫大的启迪和激励。

美哉我少年中国，与天不老！

壮哉我中国少年，与国无疆！

梁启超

31

徐锡麟是清末民初万千革命志士中的一员。

为了推翻腐败的清政府，

达到救国的目的，

他在安庆发动起义，

试图用一场狂风暴雨将所有的腐朽和丑恶冲刷干净。

但最终起义失败，徐锡麟被捕，

他留下千余字正义凛然的"自供状"，慷慨就义。

为国捐躯，死得其所，

他用生命践行了自己的理想。

只解沙场为国死，何须马革裹尸还。

徐锡麟

32

荣宗敬是中国近代史上首屈一指的民族资本家，

是响彻中国的"面粉大王"和"棉纱大王"，

担起了半个中国的衣食事业。

面对深重的民族危机，

荣宗敬以支持国货、实业救国为己任，

置业办厂，谋民生之利，

体现出一种以天下为己任的爱国情怀和社会责任感。

爱国之心，未敢后人。

荣宗敬

33

黄兴原名轸，后改名兴。

他说："我的名号，就是我革命终极的目的，

这个终极的目的，就是兴我中华，兴我民族，克服强暴。"

在中华大地满目疮痍时，

黄兴为革命事业呕心沥血，

为推翻清朝统治、开创民国作出卓越贡献，

他无愧于自己的名号。

革命者虽远去，

但其英勇奋斗、不畏牺牲的革命精神永远流传。

国家苟日臻富强，则吾虽死犹生也。

黄兴

34

面对民族衰亡、国土沦丧，

秋瑾发出呐喊：

"金瓯已缺总须补，为国牺牲敢惜身！"

这既是秋瑾报效国家的坚定信念，

又是对当时轻视女子思想的有力回击，

尽显英姿飒爽，风骨峥嵘。

为了民族大义，

年仅 32 岁的秋瑾从容就义于绍兴轩亭口，

她的气节与精神永远为世人赞扬。

金瓯已缺总须补，为国牺牲敢惜身！

秋瑾

35

1927 年，徐特立在中国革命最低潮的时期，

毅然加入中国共产党。

从以教书为生，到以教育为事业，

他把教育救国的初心融入革命事业。

新中国成立后，

他以古稀之龄投身于新中国的建设，

致力于社会主义教育事业。

党中央曾评价他："对自己是学而不厌"，

"对别人诲人不倦"，

"中国杰出的革命教育家"。

人民不仅有权爱国，而且爱国是个义务，是一种光荣。

徐特立

36

鲁迅用尽毕生力量，以笔为武器，

鼓动整个文坛；

用生命点燃烈焰，成为炬火，

照亮一大批有志青年，

激起无数仁人志士投身于救国救民事业。

"横眉冷对千夫指，俯首甘为孺子牛"，

是鲁迅英勇战斗、无私奉献的自我写照；

"寄意寒星荃不察，我以我血荐轩辕"，

是鲁迅对祖国、对人民发出的庄严誓言。

寄意寒星荃不察，我以我血荐轩辕。

鲁迅

37

从兴办广西学堂到教练新军，

从重九起义到建设云南，

蔡锷拼了命为四万万同胞争人格！

他竭尽毕生心血捍卫民主与法治，

兴兵讨袁，以再造共和之殊功，

被誉为护国元勋。

在国难面前，宁愿马革裹尸还，不愿苟且偷生。

蔡锷的一生虽然短暂，

但他的爱国精神恒存。

爱国如命，见义勇为。

蔡锷

38

谢觉哉廉洁奉公，艰苦朴素，

数十年如一日，甘做人民的公仆。

在内务部，他参与制定救灾、救济、抚恤政策，

赴各地访贫问苦，解决实际问题。

作为最高人民法院院长，

他不仅亲自办案，还深入全国各地法院，

查看案卷，纠正冤假错案，

保护人民的正当权益。

"爱国的主要方法，就是要爱自己所从事的事业。"

这是谢觉哉一生最真实的写照。

爱国的主要方法，就是要爱自己所从事的事业。

谢觉哉

39

广州起义前夕，风声泄露，

有人建议停止起义，但喻培伦认为不可中道而废，

"举义诚知必死，然死国义也。吾人不肯死，谁肯死者？"

即使明知这次暴动必是赴死，

喻培伦还是义无反顾地冲向前去，

如飞蛾扑火，堪称壮烈。

喻培伦为民族复兴视死如归，

生动诠释了中华民族的自我牺牲精神。

举义诚知必死，然死国义也。

喻培伦

40

董必武早年参加辛亥革命、五四运动，

为国为民，奔走呼号。

1921 年 7 月，他作为武汉共产党早期组织代表，

出席了中国共产党第一次全国代表大会。

从此之后，他为国家、为人民，

鞠躬尽瘁，奋斗不已，献出了毕生精力。

"只有精忠能报国，更无乐土可为家。"

董必武的爱国情怀溢于字里行间。

只有精忠能报国，更无乐土可为家。

董必武

41

方声洞是黄花岗七十二烈士之一，

他 17 岁参加革命，25 岁壮烈牺牲。

他满怀一腔革命热血，

明晰民族大势和自身使命，

将如花年华挥洒在为国为民的事业中。

广州起义前夕，方声洞已怀必死之志，

为革命而死，遂成自己一生之志愿，死亦何憾？

且为祖国而死，亦义所应尔也。

方声洞

42

为了国家，为了人民，

林觉民不惜一切代价要推翻腐朽的清王朝。

正因为爱妻子，并由此推及爱天下人，

所以他甘愿舍生取义。

他选择牺牲自己的幸福，去为天下人谋永福。

死于战场上，与亲人永隔，他不痛苦吗？当然痛苦！

但是他对将来天下太平的期盼，远远胜过这痛苦！

一个具有大爱的人，会义无反顾地去爱一切人。

当亦乐牺牲吾身与汝身之福利，为天下人谋永福也。

林觉民

43

李四光将其毕生所学，奉献给了祖国。

他发现了第四纪冰川遗迹，

奠定了第四纪地质、地理和气候等方面的基础；

他创建地质力学，

发现了大庆等油田和一系列铀矿床，

摘掉了新中国"贫油"的帽子，

挺起了中国油脉脊梁；

他指导铀等放射性矿产勘查，取得突破性进展，

为我国原子能事业作出了贡献……

我的祖国和人民还在贫困中挣扎，我应当回去，

用我所学到的本领去改变祖国的面貌。

李四光

44

李大钊是中国共产主义的先驱，

中国最早的马克思主义传播者。

他始终把自己的学识与拯救国家和民族的命运紧紧联系在一起，

要为国家找出一条独立富强之路。

他身上体现出的时刻牵挂国家兴亡、时刻不忘人民疾苦，

并为之不懈奋斗的精神和风范，

永远值得我们敬仰和弘扬。

以青春之我，创建青春之家庭，

青春之国家，青春之民族。

李大钊

45

萧楚女以笔为枪，纵横驰骋在舆论阵地上，

揭露帝国主义和封建主义的罪行，宣传马列主义真理。

"做人要像蜡烛一样，

在有限的一生中有一分热，发一分光，

给人以光明，给人以温暖。"这是萧楚女的人生观。

他的一生，就像一支永不熄灭的红烛，

光明磊落燃尽了自己，

点燃了大片革命的火种，

照亮了革命前行的道路。

做人要像蜡烛一样，

在有限的一生中有一分热，发一分光，

给人以光明，给人以温暖。

萧楚女

46

"一个人能为了最多数中国民众的利益，

为了勤劳大众的利益而死，

这是虽死犹生，比泰山还重。"

这是中共早期卓越的工人运动领袖邓中夏在狱中写下的遗言。

入狱前，邓中夏积极领导中国工人运动，

传播马克思主义理论。

被捕后，他英勇不屈，大义凛然，

表现了中国共产党人高尚的爱国品质。

一个人能为了最多数中国民众的利益，

为了勤劳大众的利益而死，

这是虽死犹生，比泰山还重。

邓中夏

47

"生是为中国，死是为中国"，

生命尽头豪迈的革命气节跃然纸上，

这也是刘伯坚对自己短暂一生最好的总结。

刘伯坚将个人命运与国家命运紧密相连，

毕生不懈追求心中的理想社会，

为了国家英勇无畏，

即便为此付出生命亦不后悔。

他的铮铮誓言，他的家国情怀，

如洪钟、如战鼓，

激荡天地，催人奋进。

生是为中国，死是为中国，一切听之而已。

刘伯坚

48

蔡和森在法国勤工俭学时，

"猛看猛译"上百种介绍马克思列宁主义和俄国革命的书籍，

并首次提出建立"中国共产党"。

回国后他负责党的宣传工作，

是中央机关报《向导》的主要撰稿人。

1931年6月，因叛徒出卖，蔡和森在香港被捕；

8月在广州英勇就义。

"匡复有吾在，与人撑巨艰。忠诚印寸心，浩然充两间。"

他用年轻的生命，践行了当年立下的豪迈誓言。

匡复有吾在，与人撑巨艰。

忠诚印寸心，浩然充两间。

蔡和森

49

恽代英在学生时代积极参加革命活动，宣传革命思想。

加入中国共产党后，他创办主编《中国青年》，

参与领导五卅运动，参与组织和发动南昌起义，

为国家和民族奔走呼号。

1930 年 5 月，恽代英被国民党当局逮捕，

面对敌人的威逼利诱，他坚贞不屈；

1931 年 4 月 29 日，英勇就义。

在狱中，他写下"已摈忧患寻常事，留得豪情作楚囚"的诗句，

表现出视死如归的英雄气概。

已摈忧患寻常事，留得豪情作楚囚。

恽代英

50

向警予把自己的一切都献给了共产主义事业，

献给了中国妇女的解放事业。

毛泽东称她是我党"唯一的一个女创始人"。

1928 年 3 月 20 日，向警予因叛徒出卖被捕，

面对敌人的威逼利诱，她表明自己热血报国的决心：

"共产党人只为人民幸福作盘算，

我少年曾立过志，救国救民是我的心愿！"

她忧国忧民、敢为人先，勇于担当、不怕牺牲的精神历久弥新，

激励着一代代中华儿女接力传承、砥砺奋进。

我少年曾立过志，救国救民是我的心愿！

向警予

51

吉鸿昌不愿执行"中国人打中国人"的政策，

被解除兵权，被强令出国"考察"。

1932 年，吉鸿昌在上海"一·二八"抗战炮声中回到祖国，

为抵抗日本侵略奔走呼号。

1934 年 11 月 9 日，吉鸿昌被军统特务暗杀受伤，并遭逮捕；

11 月 24 日，被国民党杀害，年仅 39 岁。

"恨不抗日死，留作今日羞。国破尚如此，我何惜此头！"

吉鸿昌就义前的绝命诗，永远激励后人勿忘国耻，舍身报国。

恨不抗日死，留作今日羞。

国破尚如此，我何惜此头！

吉鸿昌

52

叶挺在皖南事变中被国民党扣押，

他拒绝威逼利诱，写出了著名的《囚歌》以明志。

获救出狱后，他即致电中共中央，

"我决心实行我多年的愿望，加入伟大的中国共产党，

在你们的领导之下，为中国人民的解放贡献我的一切"，

被中国共产党重新接纳为党员。

1946 年 4 月 8 日，叶挺由重庆返回延安时，

发生空难，不幸牺牲。

他献身国家民族、矢志追求理想的执着与忠贞，将永载史册。

为中国人民的解放贡献我的一切。

叶挺

53

参加五四运动，加入中国共产党，担任《新青年》主编：

从青年时代起，瞿秋白就立志"为大家辟一条光明的路"。

在革命困难年月里，他曾担任党的主要领导人，

后在上海领导左翼文化运动。

中央红军长征后，他留在南方坚持游击战争。

1935 年 2 月，瞿秋白在福建被国民党逮捕，

同年 6 月 18 日，慷慨就义。

他为人民工作的精神和临难不屈的意志，

将激励一代代中国人民砥砺奋进！

总想为大家辟一条光明的路。

瞿秋白

54

方志敏把马克思主义与赣东北实际相结合，创建赣东北苏区，

缔造了拥有"铁的纪律"的红十军。

1935 年 1 月 29 日，方志敏不幸被捕。

在人生的至暗时刻，他写下不朽篇章《可爱的中国》。

"我老实的告诉你们，我爱护中国之热诚，

还是如小学生时代一样的真诚无伪；

我要打倒帝国主义为中国民族解放之心还是火一般的炽烈。"

字字句句，都表达了方志敏对祖国的深厚情感和坚定的理想信念。

我爱护中国之热诚，还是如小学生时代一样的真诚无伪。

方志敏

55

闻一多不仅写出许多激情洋溢的爱国诗歌，

燃起了一代有志青年的报国热情，

更作为争取民主的战士、青年运动的领导人，

以强大的号召力、忘我的精神，

带领全国人民呼喊民主、反对独裁。

闻一多是卓越的学者，热情澎湃的优秀诗人，勇敢的革命烈士，

是中国具有爱国心的知识分子走上革命道路的一个典范。

我爱中国固因他是我的祖国，

而尤因他是有那种可敬爱的文化的国家。

闻一多

56

1928 年 3 月 18 日，因叛徒出卖，

夏明翰在武汉不幸被捕。

面对种种酷刑，他始终视死如归，坚贞不屈。

牺牲之前，他写下那首传诵至今的就义诗：

"砍头不要紧，只要主义真。杀了夏明翰，还有后来人！"

这首诗激励和鼓舞着一代又一代中国共产党人

为了民族复兴而不惧牺牲，英勇奋斗。

砍头不要紧，只要主义真。

杀了夏明翰，还有后来人！

夏明翰

57

面对严重的白色恐怖，赵世炎坚定表示：

"共产党就是战斗的党，没有战斗就没有了党，

党存在一天就必须战斗一天，

不愿意参加斗争，还算什么共产党员！"

赵世炎的一生，是革命的一生、战斗的一生，

他践行了"以'奋斗'为人生第一要义"的誓言，

把全部青春献给了中国民族独立和人民解放事业。

不愿意参加斗争，还算什么共产党员！

赵世炎

年　月　日

58

杨开慧是中国共产党最早的女党员之一，

她积极参与和推动中国革命事业，

为毛泽东提供了坚定的支持和协助。

大革命失败后，杨开慧回到长沙板仓开展地下斗争；

1930 年 10 月，不幸被捕。

面对敌人的严刑拷打，杨开慧轻蔑地说：

"砍头只像风吹过！死，只能吓胆小鬼，吓不住共产党人！"

1930 年 11 月 14 日，杨开慧英勇就义，年仅 29 岁。

砍头只像风吹过！死，只能吓胆小鬼，吓不住共产党人！

杨开慧

59

马本斋率领回民支队，不惧牺牲，奋勇杀敌，

在广阔的冀中平原和冀鲁豫边区屡建战功。

日本侵略军为消灭回民支队，

抓走了马本斋的母亲白文冠，

马母进行绝食斗争后以身殉国，

马本斋继承母亲遗志，继续为国斗争。

他在入党申请书中坚定地写道：

"我甘心情愿把我的一切献给伟大的中国共产党，

献给为回族解放和整个中华民族的解放而奋斗的伟业。"

我甘心情愿把我的一切献给伟大的中国共产党，

献给为回族解放和整个中华民族的解放而奋斗的伟业。

马本斋

60

周保中是东北抗联主要创建人、指挥者之一。

九一八事变后，周保中在东北组织领导抗日武装，

率部多次挫败日伪军的围剿。

1939 年春，面对日伪军的经济封锁和政治诱降，

周保中坚定地说：

"临到革命者牺牲的关头，就应该慷慨就义。

我们要决心用自己的鲜血来浇灌被压迫民族解放之花。"

新中国成立后，周保中为建设云南作出卓越贡献。

我们要决心用自己的鲜血来浇灌被压迫民族解放之花。

周保中

年　　月　　日

61

1928 年 2 月 16 日，

中共江苏省委机关遭到上海国民党反动派的破坏，

陈乔年被捕。

在狱中，敌人对陈乔年施尽酷刑。

他坚贞不屈，始终严守党的秘密，

还常常鼓励同志们保持革命气节。

临刑前他慷慨陈词：

"让我们的子孙后代享受前人披荆斩棘的幸福吧！"

陈乔年追求真理和正义、谋求人民幸福的伟大献身精神，

融入中华文明的大江大海，永远不会枯竭。

让我们的子孙后代享受前人披荆斩棘的幸福吧！

陈乔年

62

苏步青是中国微分几何学派创始人，

被誉为"东方国度上灿烂的数学明星""东方第一几何学家"，

创立了国际公认的浙江大学微分几何学派。

苏步青坚持教研结合，

十分注重教书育人，

把自己的毕生精力无私地奉献给了人民的教育事业，

为祖国培养了一代又一代数学人才。

爱祖国，为祖国的前途而奋斗，

是时代赋予我们的神圣职责。

苏步青

63

李公朴是抗日救亡运动的先驱者,

他一生追求真理,追求民主,

虽屡遭挫折,但始终百折不挠。

抗日战争胜利后,

李公朴积极争取和平民主,

因反对国民党的独裁、内战政策,

1946 年 7 月 11 日晚被国民党特务暗杀。

生于飘摇乱世的李公朴,

在国家危难时刻挺身而出,

用生命迎来了新中国黎明的曙光。

一定要为民主和平,

为老百姓的事业干到底,干到死。

李公朴

64

刘志丹驰骋于西北黄土高原，

扎根于人民群众之中。

他领导创建的西北革命根据地，

成为红军长征胜利的落脚点和八路军出师抗日的出发点。

"加入党，就要为共产主义信仰奋斗到底。

作为个人来说，奋斗到底就是奋斗到死。"

这是刘志丹的入党誓言。

"生而益民，死而谢民"，

是他矢志不渝的人生理想。

生而益民，死而谢民。

刘志丹

65

1928 年，投身革命的陈觉和赵云霄夫妇先后被捕。

得知难免一死，陈觉在诀别书中写道：

"谁无父母，谁无儿女，谁无情人！

我们正是为了救助全中国人民的父母和妻儿，

所以牺牲了自己的一切。

我们虽然是死了，但我们的遗志自有未死的同志来完成。"

这封感人至深的"最后的信"，

作为他们伟大爱情、崇高理想、家国大义的见证，

永远闪耀于历史长空。

谁无父母，谁无儿女，谁无情人！

我们正是为了救助全中国人民的父母和妻儿，

所以牺牲了自己的一切。

陈觉

66

巴金是享誉海内外的文学大师，

著名的无党派爱国人士，

他对国家和人民忠心耿耿，为文学事业奋斗了一生。

他秉性耿直，识大体、顾大局，

生活朴素，平易近人。

他把整个身心交给了人民，

赢得了人民的爱戴和尊敬。

作家冰心说："他是一个爱人类，爱国家，爱人民，

一生追求光明的人，不是为写作而写作的作家。"

我爱我的祖国，爱我的人民，

离开了它，离开了他们，我就无法生存，更无法写作。

巴金

67

陈树湘参加过秋收起义，

曾在井冈山、中央苏区历次反"围剿"战斗中浴血奋战。

在掩护红军主力抢渡湘江的战役中，

陈树湘率领红三十四师与十几倍于自己的敌人殊死激战四天五夜，

后陷入敌人的重重包围，部队弹尽粮绝，陈树湘伤重被俘。

在押送途中，陈树湘乘敌不备，

掏出肠子绞断而英勇牺牲，

实现了他"为苏维埃新中国流尽最后一滴血"的誓言。

为苏维埃新中国流尽最后一滴血。

陈树湘

68

杨靖宇领导的东北抗日联军第一路军，

在冰天雪地中与敌人周旋，威震东北，

有效牵制了日本关东军，配合了全国抗战，

成为不怕困苦、艰难奋斗的模范。

"头颅不惜抛掉，鲜血可以喷洒"，

1940 年 2 月 23 日，杨靖宇在吉林濛江壮烈牺牲，

他无愧于自己的誓言，无愧于民族和国家。

为了中华民族的解放事业，

头颅不惜抛掉，鲜血可以喷洒，

而忠贞不贰的意志是不会动摇的。

杨靖宇

69

1942 年 5 月，日本发动大兵团突袭八路军前敌指挥部，

身为八路军高级将领的左权，

放弃了一切个人突围的机会，舍生取义，为国捐躯。

自从离开醴陵投身革命，左权再没回过家乡。

他说："我虽一时不能回家，

我牺牲了我的一切幸福，为我的事业奋斗，

请你相信这一道路是光明的、伟大的。"

字里行间表现了左权慷慨赴国难的英雄情怀。

我牺牲了我的一切幸福，为我的事业奋斗，

请你相信这一道路是光明的、伟大的。

左权

年　　月　　日

70

"未惜头颅新故国，甘将热血沃中华。"

这句诗出自赵一曼的《滨江述怀》，

从中可见其崇高的民族气节和饱满的爱国情怀。

1935 年她担任东北抗日联军第三军二团政委，

在一次战斗中，为掩护部队突围，

她身负重伤，昏迷被俘。

日军施以酷刑企图逼她投降招供，

赵一曼守口如瓶、宁死不屈，

用生命诠释了"甘将热血沃中华"的铮铮誓言。

未惜头颅新故国，甘将热血沃中华。

赵一曼

71

面对大革命失败后的白色恐怖，

面对母亲病故后伯父劝其回家的要求，

彭雪枫坚定回答：

"革命是顾千家万家，不能只顾一家。"

1944年9月11日，在前线指挥战斗时，

彭雪枫不幸被流弹击中，壮烈牺牲，时年37岁。

正是有同彭雪枫一样的无数革命先烈，

舍小家顾大家、抛头颅洒热血，

才有了中国革命的伟大胜利。

革命是顾千家万家，不能只顾一家。

彭雪枫

年　月　日

72

新中国成立后，

已享誉世界的郭永怀放弃国外的优越条件，

毅然回国研制"两弹一星"。

他以真才实学和献身精神，

为我国"两弹一星"事业作出了突出贡献。

1968 年 12 月 5 日，在回京汇报工作时，

因发生空难，郭永怀壮烈牺牲。

在飞机即将坠毁时，

郭永怀把装有试验数据的公文包紧紧抱在胸前，

用生命保护了国家核武器绝密资料。

我自认为，作为一个中国人，有责任回到祖国，

和人民一道，共同建设我们美丽的山河。

郭永怀

73

新中国成立之初，科学人才紧缺。

1950 年，华罗庚毅然携全家返回祖国。

归国途中，华罗庚写下《致中国全体留美学生的公开信》，

信中写道："梁园虽好，非久居之乡。归去来兮！

为了抉择真理，我们应当回去；

为了国家民族，我们应当回去"。

回国后的短短几年中，

华罗庚在数学领域里取得丰硕成果，

为新中国数学发展作出卓越贡献。

为了抉择真理，我们应当回去；

为了国家民族，我们应当回去。

华罗庚

74

新中国成立后，钱学森决定返回祖国。

但美国非法扣留钱学森，不想让他的知识为中国所用。

面对美国的百般刁难、金钱利诱，

钱学森回国的决心始终没有动摇。

最终，在中国政府和国际友人的帮助下，

1955 年 9 月，钱学森坐上了回国的邮轮，

他难掩无比激动的心情说：

"今后我将竭尽努力，和中国人民一道建设自己的国家，

使我的同胞能过上有尊严的幸福生活。"

和中国人民一道建设自己的国家，

使我的同胞能过上有尊严的幸福生活。

钱学森

75

钱伟长是一位研究领域极广的"万能科学家"，

一位令人景仰的爱国主义者。

他把自己的前途深深融入国家和民族的命运之中，

一生学过十几个专业，

科研生涯涉足几十个行业。

每一次重大改变和选择，

都是因为国家的需要。

"我没有专业，国家需要就是我的专业"，

他一生无私奉献，实践了自己的诺言。

我没有专业，国家需要就是我的专业。

钱伟长

76

新中国成立前夕，

钱三强夫妇决定回到祖国，奉献毕生所学。

放弃良好的科研环境和优渥的生活条件，

选择回到一穷二白的中国，

是因为钱三强深爱着祖国。

他说："虽然科学没有国界，科学家却是有祖国的。

正因为祖国贫穷落后，

才更需要科学工作者努力去改变她的面貌。"

他"学以致用，报效祖国"的精神，

将被一代代中国人永远传承下去。

虽然科学没有国界，科学家却是有祖国的。

钱三强

年　　月　　日

77

在福建省东山县工作的 14 年间，

谷文昌带领群众与风灾、旱灾抗争，

植树造林、兴修水利，

把一个风沙肆虐的荒岛变成生机盎然的东海绿洲，

赢得了东山十万民心。

后来他来到福建省宁化县禾口公社红旗大队，

带领当地百姓兴建隆陂水库，改良土壤，

实现水稻亩产上千斤。

谷文昌全心全意为人民服务，

在人民心中树起了一座不朽的丰碑。

一个人活着要有伟大的理想，

要为人民做好事，为人民奋斗终生。

谷文昌

78

吴运铎心系兵工，

为党和国家事业无私奉献。

在淮南抗日根据地时，

敌人封锁严重，他想方设法，

带领职工自制土原料、土设备，扩大了枪弹生产。

他在生产与研制武器弹药中多次负伤，

失去了左眼，左手、右腿致残，

身上留有几十处弹片没有取出，

但仍坚持战斗在生产第一线。

他被誉为"中国的保尔·柯察金"，

他的自传体小说《把一切献给党》影响了几代人。

只要我活着一天，我一定为党为人民工作一天。

吴运铎

年　　月　　日

79

程开甲是"两弹一星"元勋，

他带领科研人员完成了几十项核武器试验，

是我国指挥核试验次数最多的科学家，

也是我国核试验技术的创建者和领路人，

被称为中国"核司令"。

"我这辈子最大的心愿就是国家强起来，国防强起来。"

他把自己毕生心血和才智倾注在为国家构筑核盾牌上，

是忠诚奉献、科学报国的典范。

我这辈子最大的心愿就是国家强起来，国防强起来。

程开甲

80

江竹筠团结进步学生，扎根于群众之中，秘密开展党的工作。

不幸被捕后，江竹筠始终坚贞不屈，

"毒刑拷打，那是太小的考验。

竹签子是竹子做的，共产党员的意志是钢铁！"

重庆解放前夕，江竹筠被国民党杀害于渣滓洞监狱，年仅 29 岁。

以她为人物原型创作的小说《红岩》，使她的事迹广为传颂，

她的爱国精神感动和激励了一代代中国人。

竹签子是竹子做的，共产党员的意志是钢铁！

江竹筠

81

面对危害老百姓生产生活的三大灾害——内涝、风沙、盐碱，

焦裕禄带领兰考全县人民全身心投入治水、封沙、改地斗争，

植树治沙取得了显著成效。

焦裕禄原有肝病，忙碌的工作使他经常忘记打针吃药，

肝病越发严重，最终被确诊肝癌。

直到生命的最后时刻，

他仍然关心着兰考治沙的情况，关心着兰考百姓的生活，

他用实际行动诠释了奉献祖国、热爱人民。

活着我没有治好沙丘，

死了也要看着你们把沙丘治好。

焦裕禄

82

"我们活着就是为了消灭所有反动派。

为了祖国，为了朝鲜人民，为了全人类解放，

我们要守住这个阵地。"

这是年仅 28 岁的杨根思，

在抗美援朝战争中带领战友宣誓的一席话。

他以"不相信有完成不了的任务，

不相信有克服不了的困难，

不相信有战胜不了的敌人"的英雄气概，

怀抱炸药包在小高岭与敌人同归于尽。

为了祖国，为了朝鲜人民，为了全人类解放，

我们要守住这个阵地。

杨根思

83

黄旭华是我国第一代核潜艇总设计师,

为了中国核潜艇事业,他隐姓埋名,以身许国,

曾 30 多年没回家见过父母。

自古忠孝两难全,

在他看来,"对国家的忠,就是对父母最大的孝。"

他曾深情地说:

"我和我的同事们,此生属于祖国,此生无怨无悔。"

黄旭华的"深潜人生",

正是中国科学家们科研报国、无私无我的生动体现。

对国家的忠,就是对父母最大的孝。

黄旭华

84

为了祖国的核事业，

邓稼先在远离城市的荒漠戈壁隐姓埋名 28 年。

在一次空投核弹试验中，

他不顾同事们的极力劝阻，只身奔向现场，

他明白弹头里装的钚 239 的辐射有多厉害，

但他只想尽快找到核弹，找出故障原因。

他把国家事业看得比自己生命更重要。

邓稼先对祖国无限忠诚，他说：

"假如生命终结后可以再生，

那么，我仍选择中国，选择核事业"。

假如生命终结后可以再生，

那么，我仍选择中国，选择核事业。

邓稼先

85

革命年代，张富清跟着部队从陕西一路打到新疆，

为解放全中国南征北战，立下赫赫战功。

烽烟散尽，他脱下心爱的军装，

成为一名平凡的劳动者，脚踏实地，扎根人民，

在各个岗位上留下了兢兢业业、默默奉献的平凡身影。

为国奉献，是他的本色，

也是他立身处世的座右铭。

在战场上也好，在和平时期也好，

只要是党给的任务，就要好好完成。

张富清

86

在朝鲜五圣山 391 高地前的阵前潜伏中，

敌人的弹药点燃了邱少云身上的伪装草，

他硬是凭着坚强的革命意志，

烈火焚身而纹丝不动，直至壮烈牺牲。

邱少云在入党申请书中写道：

"宁愿自己牺牲，决不暴露目标，

为了整体，为了胜利，为了中朝人民和全人类的解放事业，

愿献出自己的一切。"

正是对党的忠诚、对祖国和人民的热爱，

筑就了邱少云英勇战斗、不怕牺牲的思想高地。

宁愿自己牺牲，决不暴露目标，

为了整体，为了胜利，为了中朝人民和全人类的解放事业，

愿献出自己的一切。

邱少云

87

在中国核物理的几位开创者中，

于敏是唯一一位没有留过学的人。

尽管如此，这位由我国自主培育的"国产专家"

依然成为世界一流的理论物理学家，

创造了中国人用最快速度独立研制出氢弹的神话。

从意气风发到白发苍苍，

于敏一辈子心甘情愿为国家、为人民保驾护航！

"愿将一生献宏谋"，

他兑现了对祖国的承诺，

以精诚书写了中国现代史上一段荡气回肠的传奇。

一个人的名字，早晚是要消失的，

能把自己微薄的力量融进强国的事业之中，

也就足以欣慰了。

于敏

88

从第一颗人造地球卫星上天到探月工程，

再到北斗导航工程，

作为我国人造卫星技术和深空探测技术的开创者之一，

孙家栋从事航天事业 60 余载，

为中国航天科技实现一次次飞跃作出巨大贡献。

孙家栋有一句名言："国家需要，我就去做！"

即使年事已高，

他仍为中国北斗、探月工程等航天"大事"操劳奔波。

爱国奉献的崇高信仰，

始终是他人生的坚固基石。

国家需要，我就去做！

孙家栋

89

1948 年 5 月 25 日下午，解放隆化的战斗中，

董存瑞所在连队受阻于开阔地带，

接连两次对敌人的暗堡爆破均未成功。

董存瑞挺身而出，向连长请战：

"我是共产党员，请准许我去！"

他毅然抱起炸药包，冲向暗堡，

在危急关头，毫不犹豫地用左手托起炸药包，

右手拉燃导火索，高喊："为了新中国，冲啊！"

敌人的碉堡被炸毁，董存瑞舍身为国，

他的精神永垂不朽。

一个革命同志，他做事不是为了表现自己，

不是为了被人奖励，而是为了给人民带来更多的幸福。

董存瑞

年　月　日

90

袁隆平是我国杂交水稻事业的开创者和领导者，

他用一生去追求、去奋斗、去耕耘，

在他最热爱、最熟悉的稻田里，

为解决中国人民的温饱和保障国家粮食安全作出了贡献。

袁隆平说："我一直有两个梦，一个是禾下乘凉梦，

一个是杂交水稻覆盖全球梦。"

我们期盼这两个梦早日实现。

作为中国知识分子，都要始终跟党走，

始终对祖国、人民充满深深的爱，

这也是我们科研创新的动力源泉。

袁隆平

91

屠呦呦发现了青蒿素，

为世界带来一种全新的抗疟药，

挽救了全球数百万人的生命，

她也因此获得了包括诺贝尔奖在内的众多奖项。

面对接踵而至的各种荣誉，屠呦呦的研究并未止步，

她想到的依然是国家：

"中国科技工作者肩负着振兴中华的时代使命，

奉献于祖国的科技创新发展义不容辞，

这就是我们当下的责任与担当。"

中国科技工作者肩负着振兴中华的时代使命，

奉献于祖国的科技创新发展义不容辞，

这就是我们当下的责任与担当。

屠呦呦

92

抗美援朝战争上甘岭战役中，

黄继光在多处负伤、弹药用尽的情况下，

用自己的胸膛堵住敌人正在喷射火舌的枪眼，

为部队铺平了冲锋道路。

他兑现了自己"不立功不下战场"的誓言，

用生命谱写了一曲视死如归的爱国主义壮歌。

他的爱国情怀和英雄气概永远为人们所敬仰。

有决心在战斗中为人民服务，不立功不下战场！

黄继光

93

无论在哪个位置，雷锋都奉献了全部的热情。

连队里发放夏衣，每人两套，他却只肯要一套，

要求把省下来的交给国家；

火车上他为老大娘让座，

打扫车厢、给旅客们倒开水；

在刺骨的北风里，

他摘下自己的手套，送给陌生的老太太。

一件件平凡而具体的工作实践，

串起了雷锋短暂而闪光的一生。

他向善的价值追求阐释了爱国、奉献、无私、正义。

人的生命是有限的，可是，为人民服务是无限的，

我要把有限的生命，投入到无限的为人民服务之中去。

雷锋

94

孔繁森两次进藏工作，勤政为民，

促进了当地经济社会发展和民族团结。

1992年，孔繁森被任命为阿里地委书记，

他积极探索带领群众脱贫致富的路子，

跑遍了全地区106个乡中的98个，行程8万多公里，

与藏族群众结下了深厚友情。

1994年11月，孔繁森完成任务返回阿里途中遭遇车祸，以身殉职。

孔繁森把自己一颗火热的心献给了西藏高原，

献给了党和国家的事业。

一个共产党员爱的最高境界是爱人民。

孔繁森

95

南仁东曾在日本国立天文台担任客座教授，

享受世界级别的科研条件和薪水。

可他毅然选择了报效祖国。

从推动中国参与建造新一代射电望远镜，

到力主中国自主建造最大最灵敏的射电望远镜，

从选址、论证，到设计、建设，

身为首席科学家兼总工程师的南仁东亲力亲为，

为国家和民族奉献了毕生精力。

在我眼中，知识没有国界，但国家要有知识。

南仁东

96

2009 年 12 月，黄大年放弃了英国的优厚待遇，

怀着一腔爱国热情返回祖国，

出任吉林大学地球探测科学与技术学院教授。

八年时间，他带领团队在航空地球物理领域取得一系列成就。

为实现科技强国梦，他殚精竭虑，不幸因病去世，年仅 58 岁。

黄大年的忘我工作，

充分展现了归国科研精英及高校教育工作者

浓厚的家国情怀和崇高的奉献精神。

中国要由大国变成强国，需要有一批"科研疯子"，

这其中能有我，余愿足矣！

黄大年

97

开山岛是座面积仅有 0.013 平方公里的国防战略岛，

长期没水、没电，缺衣少食，

却因地理位置独特，被誉为黄海前哨。

王继才和妻子王仕花坚守开山岛，

他们让五星红旗每天伴着朝阳升起，

让树木在石头缝上开花结果。

2018 年 7 月 27 日，王继才在执勤时突发疾病，

永远倒在了开山岛的台阶上。

32 年如一日排除困难、为国戍海，

王继才把最美好的年华献给了国防和海防事业，

令人感动、敬佩。

我是民，也是兵，

身为民要守护家园，作为兵要保卫祖国。

王继才

98

西藏自治区山南市隆子县玉麦乡地处祖国西南边陲。

20 世纪 60 年代以来很长一段时间，

玉麦乡仅有父亲桑杰曲巴和卓嘎、央宗姐妹一户人家，

被外界称作"三人乡"。

卓嘎、央宗在父亲桑杰曲巴的影响和带领下，

始终秉持"家是玉麦，国是中国，放牧守边是职责"的坚定信念，

几十年如一日，守护着祖国的领土，

谱写了爱国守边的动人故事和时代赞歌。

再苦再累也要守好祖国的每一寸土地。

卓嘎、央宗

99

"只有扎根泥土，才能懂得人民。"

这是黄文秀在日记中写的一句话。

大学毕业后，黄文秀放弃大城市的工作机会，毅然回到家乡，

在脱贫攻坚第一线倾情投入、奉献自我。

2019 年 6 月 17 日凌晨，雨季来临，暴雨导致百色山区多处路段塌方。

黄文秀从百色市返回乐业县的途中遭遇山洪，因公殉职。

她把生命奉献给脱贫攻坚事业，

谱写了新时代的爱国之歌。

只有扎根泥土，才能懂得人民。

黄文秀

100

2020 年 6 月，外军公然违背与我方达成的共识，

非法越线、率先挑衅、暴力攻击中方前出交涉人员，

蓄意制造加勒万河谷冲突。

宁洒热血，不失寸土！

在忍无可忍的情况下，

边防官兵对暴力行径予以坚决回击，

陈祥榕作为盾牌手，

毫不畏惧，战斗在最前面，直至壮烈牺牲。

"清澈的爱，只为中国。"

陈祥榕践行了他 18 岁时写下的战斗口号。

清澈的爱，只为中国。

陈祥榕

图书在版编目（CIP）数据

清澈的爱　只为中国 / 中山大学中共党史党建研究院编 . — 北京：
人民日报出版社 , 2023.8
ISBN 978-7-5115-7845-7

Ⅰ . ①清⋯ Ⅱ . ①中⋯ Ⅲ . ①语录 - 汇编 - 中国 Ⅳ . ① H136.3

中国国家版本馆 CIP 数据核字（2023）第 099486 号

书　　名：清澈的爱　只为中国
　　　　　QINGCHE DE AI　　ZHI WEI ZHONGGUO
作　　者：中山大学中共党史党建研究院

出 版 人：刘华新
责任编辑：谢广灼
装帧设计：沈家盟

出版发行：人民日报出版社
社　　址：北京金台西路 2 号
邮政编码：100733
发行热线：（010）65369509　65369527　65369846　65363528
邮购热线：（010）65369530　65363527
编辑热线：（010）65369521
网　　址：www.peopledailypress.com
经　　销：新华书店
印　　刷：北京盛通印刷股份有限公司

开　　本：880 毫米 ×1230 毫米　　　1/32
字　　数：65 千字
印　　张：6.5
版次印次：2023 年 10 月第 1 版　　2024 年 11 月第 2 次印刷

书　　号：ISBN 978-7-5115-7845-7
定　　价：58.00 元